AF620035

Vincenzo Marfella

GOCCE DI LIMONE

I edizione Lulu
vincmarfella@gmail.com

ISBN

Questo volume è stato depositato e stampato tramite Lulu.com

www.lulu.com

To everyone stronger than Jesus.

1.

Lasciami indovinare
quale nuova fastidiosa freschezza
ti assalirà stanotte.

Forse non ti nasconderò nulla.

Solo la meraviglia del tuo cervello,
del tuo cuore, del tuo stomaco,
dei tuoi testicoli.

Sebbene io ami ogni centimetro
del tuo corpo
e della tua mente,
devo chiederti di starmi lontano
perché mi brucia il cuore
e non controllo gli artigli.

Domattina sarà passata
e tu potrai non esserci,
ma sarà passata.

2.

Tutto ciò che mi resta
di ieri notte
è un dente rotto,
sangue dal naso
e i capelli che ti ho strappato.

Non dovevi.

Ora piango un po'
e domattina farò colazione
con le briciole
che ho raccolto
lasciando
la tua casa
dalla tua finestra.

3.

Sarà frontiera
o nefasta vedrò la pioggia
mi indignerò comunque alla tua vista,
docile, putrido cannibale.

4.

Il corsaro mi strinse il ventre come fosse oro.
Il corsaro mi strinse il ventre come fosse il suo tesoro.

Per mille mari e mille amori si diresse,
mille donne e mille regni vide,
mille seni e mille labbra accarezzò.

Furono le mie labbra che volle ancora,
fu il mio corpo che non dimenticò.

5.

Dove sono ora
che urto contro un vetro
con le mani
e con le gambe?

È la sua finestra,
mare.

6.

Bello l'occhio alto del capitano,
perfetto il suo polso.

Gridava il mio nome il capitano,
il mio nome!

7.

I domini più spregevoli
sono quelli sottratti
e si tratta di proprietà mai intime.

I campi della mia mente
lascio che crescano selvaggi
perché è così che i futuri frutti
avranno un gusto davvero delizioso.

8.

E tu senza timore alcuno ti allontani
e vaghi nella tempesta bianca
e rumorosa
e giungi fra le tue lenzuola.

9.

Se per ogni stupro volasse un cigno
sarebbe bianco il cielo.

Il mio miglior stupro sono io
e godo da morire.

Silenzio ora.

10.

Il sole ha una luce umida e sporca,
le luci in treno sono accese e fioche.
La stoffa che ricopre i sedili è deliziosa
e l'aria è fresca dentro e fuori.
Un mazzo di fiori secchi
sul binario qui accanto
aspetta solo di essere travolto.
Così tanta nebbia
intorno al vulcano
che sembra martedì d'inverno.
Ogni tanto una goccia d'acqua sporca
colpisce il vetro
e mi distrae dal viaggio.

11.

Mia madre dorme al sole.

Questa sera
prima che faccia buio
andrò a farle visita
e spero sarà ben disposta.

Il sole sulla sua lapide
deve infastidirla parecchio.

Porterò dell'acqua,
per rinfrescarla.

12.

Amo il silenzio,
credo nella tempesta.

Mi stracci il cuore.

Il silenzio violento del tuo cuore
stanotte
è una bianca, splendente tempesta.

Il tuo cuore violento,
adoro il tuo cuore violento.

13.

Buongiorno guerra,
reinventati – sei monotona.

14.

Fu allora che raccolsi
quel po' di terreno ancora asciutto,
lo baciai a labbra socchiuse
e pregai che il piccione
non sbagliasse rotta
e che arrivasse presto da te,
così avresti potuto coltivare
le tue viole
con la mia terra.

15.

Tornare.

Buone ragioni non ne ho.
Tu mi hai mentito,
e mi passavi la lingua tra le gambe.

Avrei dovuto strappartela.

Buonanotte.

Tutto ciò che hai detto
solo
buonanotte.

Una buona ragione è proprio questa.

Respiro.

16.

Come posso ripagarti
per aver sollevato il mio culo
dal pavimento bagnato?

Come posso ripagarti
per avermi retto la testa
sul bordo del letto?

Come posso ripagarti
per avermi rialzato i pantaloni
e annusato i capelli?

Ti porterò una foglia di limone.

17.

Mi chiese quanto mi era piaciuto.

Gli chiusi la bocca con le dita
e lo baciai.

Mi passavo la lingua
sul taglio che avevo sul palato.

E non avevo più parlato.

18.

Respiravo e sbadigliavo.

Lui prese il mio bicchiere,
cercò il punto dove si erano poggiate le mie labbra.

Bevve.

Tutto duro. Tutto duro.

Feci l'amore per entrargli nei pori.

Tutto duro.

19.

Torno a Vienna
e mi ricordo che non mi piace.

Affatto.

È una chiesa con le porte serrate.
Si soffoca.
Ha l'asfalto scuro e poca acqua.

Ma la mia stanza
la sorvola
e la guardo da angolazioni
perfettamente
sconosciute.

Sorvolo Vienna
e la mia stanza odora di foresta.

20.

La quinta sera
nessuno venne a cercarmi.

Quando andai a cercare lui
lo trovai che si faceva l'altro.

E quando io mi facevo l'altro
lui mi baciava il collo da dietro,
mi sfiorava le gambe,
il culo,
i piedi,
i polpacci,
lui.

21.

Due settimane.

Se fossi morto l’avresti saputo.
Se mi avessero tagliato a pezzi l’avresti saputo.
Se ti avessi chiamata avresti saputo dov’ero.

Ma tu sei mia madre
e di me ti fidi.

22.

Qualche notte lui si lascia sognare.

E mi sogno che una vestaglia nera
gli scivola addosso
mentre si infila
un paio di mutande.

Mi sogno che si stende sul tappeto
con la schiena all'aria.

Mi sogno la sua carne cotta nel vino,
i suoi polsi aperti e i suoi occhi chiusi.

Mi sogno il suo sangue che non si scrosta,
e il suo sudore che mi scorre addosso,
e la sua lingua che mi corre addosso.

23.

Ci sono cose
che restano attaccate
sui capelli
sulla pelle
nella bocca
e
tra le dita.

Mentre lui contava
le vertebre sulla mia schiena.

24.

Spostare quella lampada
da sinistra a destra
mi allena l'altro emisfero
celebrale.

25.

Jag börjar undra
– Inizio a stupirmi –

26.

Quando mi sotterrerai in silenzio
mi avrai già lavato le mani e i piedi
mi avrai vestito
e mi lascerai inghiottire dalla terra bagnata.

Nonostante io ti abbia detto
di non lasciarmi inghiottire dalla terra bagnata.

27.

Quando mi cambierò la memoria
tu non farai parte più di me,
perché avrò dimenticato
come riempirmi
di tutto ciò che mi hai lasciato.

Perché avrò dimenticato
che esiste ancora
quella parte di te.

28.

Quando mi cadranno le dita,
le labbra,
i denti,
i testicoli
e qualcos'altro
potrai dire di aver sfruttato
ogni parte di me.

E poi ho rotto il vetro della finestra
con la mia testa.

29.

I tuoi giorni erano pieni
solo di bisbigli
che nemmeno ricordi.

Mentre dipingevi i muri della tua stanza
io ti guardavo il culo,
lo ammetto.

Ti aiutavo in tutto quello che facevi
solo per guardarti il culo.

30.

Io non ho bisogno di te,
perché io non ho bisogno di te.

Ma le mani tremano,
e gli occhi vibrano.

Mi serve uno di quei balli lenti,
uno di quei balli lieti
in cui mi metti la bocca
sul collo
e le mani nelle tasche.

Mi serve
sapore
di cioccolato bianco.

Mi serve
sapore
di bianco.

31.

Masticami l'anima
e sputala
che tutto alla fine
davvero
non serve a nulla.

32.

Il cuore vuoto
e il terreno freddo
non mi svuotano la testa
dai tuoi capelli
e dal tuo cuore inamidato.

Perché ogni parola
che ti esce dalle labbra
è fredda come la terra
che calpesti.

Lasciami in pace.

33.

Quando ritornerai
strisciando
sulle tue gambe grasse,
stupida vacca,
mi divertirò a chiuderti
la porta sulla faccia
e a dirti
che non posso
perdonarti.

34.

Sulla mia lingua amara
non sento più
la parte più amara di te.

Anche se sono stato
la tua alternativa
migliore.

35.

Non ho più nulla
da mostrarti
di sera.

Perché
ho il respiro
stanco
e il cuore
non mi pompa
amore.

36.

Spero tu sappia
che tutto questo non riguarda te.

È personale,
me e me stesso.

37.

Tu sei l'umido
dei miei occhi asciutti
e la morbida ragione
di qualche mio singhiozzo.

Non che non singhiozzi come una volta,
è il modo in cui lo faccio.

È come riempio ogni particolare,
ogni singolare.

38.

Cherokee,
from Georgia to Oklahoma you go,
and you travel by yourself,
through the mountains,
through the rain,
through the countries,
Cherokee.

39.

I am NOT a Butterfly.

40.

As always I'm late,
I was driving slow,
I wanted to taste December air,
just to feel it in my brain.

And you were waiting for me
in your brown raincoat,
with your hands all cold.
Fast you moved your feet.

But I didn't come,
But I didn't come.

I could not contain your love
I could not keep your love.

41.

Tutti i danni veri,
quelli permanenti,
me li sono fatti
da solo.

42.

La memoria è di chi la inventa
e di chi la ruba.

Di mattina
mi sveglio senza ciglia
né pupille
né labbra
perché divoro tutto
a piccoli morsi.

E di solito
brillo come un tutt'uno col sole,
anche se mi sveglio cieco.

Solo con il profumo
e lo splendore
delle mie ali accecanti.

43.

Da quanto non guardi il cielo?

XxX, buongiorno.

44.

Non lo faccio di proposito,
ma mi tocca respirare.

Ogni primo venerdì del mese
mi chiudo la bocca
e le narici
solo per un po'.

Ma nemmeno questo
lo faccio di proposito.

45.

Questi sono giorni delicati,
in cui cadono le foglie secche
e mi cadono uno ad uno
i ventricoli stanchi.

Mentre mi penzola l'atrio destro,
mi stringo tra le dita il mio atrio sinistro.

46.

Col tempo
mi farò qualche amico
e mi stringerò il cuore
in un pezzo di ghiaccio.

Ti darò qualche
bacio distratto
e dirò che ti amo
con il cuore distratto.

47.

La prima neve
su ad Helsinki
arriva presto,
anche ad agosto.

Anche se scioglie in fretta.

Anche quando
mi stringesti il collo,
mi spingesti a terra,
sulla neve fredda e scivolosa,
con la bocca nella mia bocca,
e mi venisti dentro
aiutandoti
con saliva
e neve.

Era la prima volta.
Faceva male e meraviglia,
ma fa parte del gioco.

48.

La prossima volta
che verrai a cenare da me
e parleremo di cosa ci siamo fatti
porta anche il tuo cane
e non pensare che
ti lascerò entrare
a mani vuote.

Mi devi ancora
qualche spicciolo,
una bottiglia di liquore
e qualche piccolo
bacio
che mi hai negato
voltando la faccia.

A me importa
ora
solo
che quando avremo
finito di cenare
tu chiuda bene
la porta.

49.

Hai una bella faccia
quando mi consoli
e quando ti riprendi
tutto ciò che dai.

Il problema
è che non dai.

50.

La luna è solo un buco nel buio,
lo specchio è solo un buco nel muro,
l'amore è solo un buco nel cuore,
tu sei solo un buco nel culo.

www.ingramcontent.com/pod-product-compliance
Ingram Content Group UK Ltd.
Pitfield, Milton Keynes, MK11 3LW, UK
UKHW020231250726
13967UKWH00001B/313

9 781291 004014